Oh my ! Omai

W0378967

© Au vent des îles 2023.
Photographie de couverture, Ma'i : Rehia Tepa © Maeva Rouleau.

Le Code de la propriété intellectuelle interdit les copies ou reproductions destinées à une utilisation collective. Toute représentation ou reproduction intégrale ou partielle faite par quelque procédé que ce soit, sans le consentement de l'auteur ou de ses ayants cause, est illicite et constitue une contrefaçon sanctionnée par les articles L 335-2 et suivants du Code de la propriété intellectuelle. Le photocopillage tue le livre.

Titaua Porcher

Oh my !
Omai

Théâtre

AU VENT DES ÎLES

Sur une idée originale
de mon frère Philippe Niuhitetoa Porcher.

Personnages

Ma'i,
Anamua,
Matahi,
un ami de Matahi,
Hotu, un passant,
Louis, un commerçant chinois,
Ra'i,
le vicomte,
la marquise,
lady Hamilton,
le peintre Joshua Reynolds,
un Dieu,
une voix féminine...
et maître Yoda

Scène 1

Ma'i, une voix féminine, un dieu.

(Ma'i est au paradis. Il est installé confortablement, la tête reposant sur son fameux «tabouret» [escabelle]. Il lit. Une voix féminine d'«aéroport» se fait entendre)

Voix féminine : Le numéro 198.768.950 est demandé au standard.

Ma'i : Oui ? C'est moi. Que me veut-on ?

Voix féminine : Vous êtes appelé d'urgence là-haut.

Ma'i : Là-haut ? On n'y est pas déjà, là-haut ?

Voix féminine : Vous êtes demandé tout en haut, au niveau des culminances sommitales. Dernier étage.

Ma'i : Pardon ?

Voix féminine : Le bureau suprême.

Ma'i : C'est-à-dire ?

Voix féminine : C'est le boss qui veut vous parler !

Ma'i : Le boss ?

Voix féminine : Oui. Le Big boss. C'est urgent, apparemment.

Ma'i : Que me veut-on ?

Voix féminine : Tut tut... Motus et bouche cousue. Je ne peux rien dire... Mais avant, j'ai besoin de quelques renseignements pour compléter votre fiche. Vous êtes bien le dénommé Omai ?

Ma'i : Ah non, pas Omai ! Je l'ai déjà dit et répété mille fois, bon sang ! Mon nom est Ma'i ! Pas Omai ! Ma'i tout court !

Voix féminine : Oh pardon, monsieur «Ma'i tout court». (Elle rit) Le service des renseignements du 7e ciel vous prie d'accepter ses plus sincères excuses pour cette méprise.

Ma'i : Notez-le dans vos plaquettes une bonne fois pour toutes ! Mon nom est Ma'i. La particule «o» indique en tahitien qu'il s'agit d'un nom propre. C'est comme Tahiti ! Les navigateurs venus d'Europe ont cru que le nom de l'île était Otahiti ! Évidemment, quand on demandait aux Tahitiens le nom de leur île, ils répondaient «O Tahiti» !

Voix féminine : Je vois... Comme c'est intéressant !...

Ma'i : Oui, enfin, je ne sais même pas pourquoi je vous explique tout ça à vous. Vous avez certainement mieux à faire que d'entendre parler des règles linguistiques de la langue tahitienne.

Voix féminine : Mais pas du tout du tout, nous venons justement d'accueillir un O'Brian dans l'espace céleste. Sûrement quelqu'un de chez vous !

Ma'i (atterré) : Je ne crois pas, non. Pas vraiment le même coin !

Voix féminine : Ah non ? Enfin, il y a quand même une histoire d'O...

Ma'i : Oui, si on veut...

Voix féminine : Je vois dans votre dossier, cher Ma'i, que vous avez mené une vie hors du commun !

Ma'i (flatté) : Oui, c'est vrai, on peut le dire.

Voix féminine : Vous êtes né à... Ra'iātea ?

Ma'i : C'est exact.

Voix féminine : Vous êtes le premier Polynésien à avoir embarqué pour l'Europe n'est-ce pas ?

Ma'i : À embarquer pour l'Europe, non. Ahutoru avait déjà accompagné Bougainville. Et Tupai'a a voyagé avec Cook. Mais ils sont morts avant d'avoir retrouvé le *fenua*. Ahutoru est mort de la variole et Tupai'a de la fièvre jaune. C'étaient des petites natures ! Moi, je suis le premier à être rentré vivant !

Voix féminine : Quel homme, en effet ! Si nos informations sont exactes, vous avez embarqué sur le bateau du capitaine Tobias Furneaux en 1773 pour un périple de quatre ans !

Ma'i : C'est exact.

Voix féminine : Et vous êtes allé jusqu'en Angleterre ?

Ma'i : C'est également exact.

Voix féminine : Apparemment, vous avez fait forte impression à la cour du roi.

Ma'i : Il est vrai que j'ai été l'ami d'hommes de haut rang à la cour de mon ami King George.

Voix féminine : Quel homme ! On dit aussi que vous avez fait tourner la tête de quelques femmes de la cour…

Ma'i (cabotin) : Il paraît… Vous savez, je n'ai rien fait. C'est le charme naturel qui a opéré.

Voix féminine : Je n'ai pas de mal à l'imaginer… Votre voix chaude y est sans doute pour quelque chose. Qui sait, si je n'avais pas été au service de qui-vous-savez, j'aurais peut-être tenté ma chance…

Ma'i : Qui sait, en effet ?… Mais… n'y a -t-il pas un moyen de vous voir ?

Voix féminine : Hélas, les contacts avec les personnes de notre secteur nous sont interdits. Peut-être que lorsque vous reviendrez de mission…

Ma'i : De mission ?

Voix féminine : Oh pardon, je ne suis pas censée vous dire quoi que ce soit ! Disons que… c'est en rapport avec votre goût pour l'aventure. Quand vous étiez sur Terre, vous êtes parti pour découvrir des contrées lointaines n'est-ce pas ?

Ma'i : Oh, ça oui ! Pour dire la vérité, je voulais venger mon père.

Voix féminine : Bon alors je vais éviter de noter «désir de vengeance» dans votre dossier, hein ? On va juste garder les exploits accomplis. Et puis pour votre mission, je vais aussi vous donner le package langues «*all inclusive*». Vous allez voir, c'est magique ! Vous pourrez parler et comprendre toutes les langues.

Ma'i : Ah oui ?

Voix féminine : Parfaitement. Votre logiciel interne s'adaptera à tous les contextes linguistiques. Pratique, non ?

Ma'i : Mais... que me veut-on, au juste ?

Voix féminine : Encore une fois, je ne peux rien dire mais je crois bien que vous allez avoir droit à une belle surprise.

Ma'i : Ah bon ?

Voix féminine : Je ne vous en dis pas plus... Je vous branche sur le *Cloud*... Au revoir, cher Ma'i !

Ma'i : Au revoir, chère voix...

Scène 2

Dieu, Ma'i

Voix divine (visiblement en train de parler à quelqu'un d'autre : rigolard avec son interlocuteur précédent, il prend un ton excessivement solennel lorsqu'il s'adresse à Ma'i) : Hahaha ! On l'a bien plumé au poker, hein ? Bon, il faut que je te laisse, j'ai un double appel. Oui, un terrien à renvoyer, je t'expliquerai… Allez, *tchüss* ! Oui, passez-moi le service des missions ! (Voix divine en écho) Ma'i, c'est ton dieu qui te parle. M'entends-tu ?

Ma'i : Oui, je vous entends parfaitement, ô Dieu tout-puissant.

Voix divine : Ma'i, tu as œuvré pour le bien des hommes pendant ton séjour sur Terre et j'ai vu que cela était bon.

Ma'i : Merci de vous le rappeler, ô Dieu souverain.

Voix divine : Tu as contribué au rapprochement des peuples et des civilisations et j'ai vu que cela était bon.

Ma'i : Vous me faites trop d'honneur !

Voix divine : Tu as aimé la vie. Et c'est ainsi que j'entends un passage sur Terre accompli.

Ma'i : Il est vrai que j'ai le cœur tendre, ô Suprême illumination.

Voix divine : Pour tout cela, je voudrais te récompenser.

Ma'i : Oh, mais c'est inutile, Père éternel. Je l'ai fait sans penser à en tirer un quelconque bénéfice.

Voix divine : Et c'est bien ce qui fait ton mérite. Pour te remercier, je souhaiterais te faire un présent d'une valeur inestimable.

Ma'i : Ah ?... Cela peut-il être en rapport avec la jeune personne qui m'a parlé ?

Voix divine : Peste soit de la faribole, Ma'i ! Il s'agit d'un présent dont tous les humains rêvent, un cadeau d'une valeur inestimable.

Ma'i : Ah oui ?

Voix divine : Du jamais vu.

Ma'i : Vous mettez ma curiosité à rude épreuve, ô Dieu des questions éternelles.

Voix divine : Voilà. Tu vas embrasser l'infinie subjectivité du temps.

Ma'i : Ah ?... Mais encore ?

Voix divine : Je vais te permettre d'effectuer une percée dans le continuum espace-temps…

Ma'i : Une percée ?… C'est-à-dire ?

Voix divine : Tu vas avoir l'opportunité de retourner sur Terre !

Ma'i (interloqué) : Comment ? Retourner sur Terre ?

Voix divine (riant) : Oui, je sais… Cela te semble impossible, n'est-ce pas ? Eh bien figure-toi que je peux faire ce genre de choses… Je peux faire un tas d'autres choses dont tu ne te doutes même pas à vrai dire. C'est bien simple, je peux tout faire !

Ma'i : Mais… C'est que…

Voix divine : Oui ?

Ma'i : Malgré le respect mirifique que je vous dois, je vous avoue que je suis bien ici, ô, Grand architecte. Je suis enfin libéré des vicissitudes de la vie humaine, délivré des contraintes de l'action, débarrassé des incessants questionnements métaphysiques ! Je me sens merveilleusement bien ici ! Je n'ai aucune envie de retourner sur Terre !

Voix divine : Je suis heureux de savoir que tu es bien ici… Mais je vais te faire l'honneur d'une mission pour ton Dieu. Vois-tu, il semblerait que les hommes sont devenus fous. Le chaos règne sur la Terre.

Ma'i : Vous savez, les hommes ont toujours été un peu fous et incontrôlables ! Déjà, à mon époque…

Voix divine : Tu ne comprends pas. Les hommes courent à leur perte. C'est la catastrophe, là en bas.

Ma'i : Ah oui ?

Voix divine : Les hommes ont oublié qu'il étaient tissés dans la même matière organique, vivante que les abeilles et les hippocampes, qu'ils étaient unis les uns aux autres comme des frères siamois, unis aux étoiles par la poussière d'argent dont chacune de leur cellule est constituée. S'ils poursuivent ainsi, je ne donne pas cher de leur peau.

Ma'i : Mais… en quoi puis-je vous être utile ?

Voix divine : Nous avons besoin d'un émissaire qui leur fasse entendre raison, et cet émissaire, ce sera toi.

Ma'i : Vous savez mieux que moi, ô Grand Dieu, que les hommes sont impossibles à raisonner. Je suis très honoré par votre confiance mais…

Voix divine : Je savais que je pouvais compter sur toi ! C'est une affaire qui roule ! Tu as douze heures chrono, pas une minute de plus, pour remplir ta mission, sinon je serai forcé de te laisser là-bas…

Ma'i : Comment ?

Voix divine : Une fois ta mission accomplie, tu te présenteras au point où tu auras été déposé. Si tu n'y es pas après douze heures, tu seras condamné à rester sur place.

Ma'i : Mais quelle sera ma…

Voix divine : Maintenant, il ne te reste qu'une poignée de secondes avant ton départ pour la Terre alors écoute-moi bien attentivement.

Ma'i : (pris de court)

Voix divine : Tu seras télétransmuté à Tahiti où tu devras trouver un être infiniment sage. Compris ?

Ma'i : Euh… compris.

Voix divine : À cet être infiniment sage, tu délivreras un message de la plus haute importance.

Ma'i : Un message, Dieu souverain ?

Voix divine : Oui, un message infiniment nécessaire qu'il aura la charge de transmettre au reste des hommes.

Ma'i : Quel message, Dieu souverain ?

Voix divine : Ouvre grand tes oreilles et écoute le message de ton Dieu. Ce message infiniment précieux, le voici. Je ne te le répeterai pas. Tu lui diras : «…»

(Le message est murmuré de façon inaudible pour le public. Ma'i, lui, semble le comprendre mais reste perplexe. Puis on entend la musique de *Space Odity* de Bowie et le rideau tombe après des effets de lumière)

Scène 3

Ma'i, Matahi et son copain

(Une rue de Papeete. On entend le bruit des voitures et des klaxons. Ma'i est couché sur un banc avec son escabelle. Il se réveille progressivement. Il est abasourdi et complètement déboussolé)

Ma'i : Mon Dieu, quelle cacophonie! Et comme cet endroit est laid et malodorant ! Ce n'est pas possible, ils ont dû se tromper et m'envoyer dans quelque coin reculé des enfers ! Cette vague odeur de *fafarū* ! (Les bruits cessent) Ah… Dieu merci, un peu de silence !

(Deux jeunes gens arrivent, un poste de musique à l'épaule et s'assoient sur le banc sans prêter attention à Ma'i. L'un d'entre eux esquisse un pas de danse, genre *'ori deck*. Grimace de Ma'i à cause de la musique très forte. Il cherche à entrer en contact avec eux en s'efforçant d'être le plus poli possible, en homme du XVIIIe siècle)

Ma'i : Pardon, jeunes damoiseaux… (les jeunes ne l'entendent pas donc il monte le ton d'un cran) Hum !… Par-don, jeu-nes da-moi-seaux ! (Pas de réponse. Ma'i se met à hurler) Oh ! (les jeunes se retournent vers lui, baissent le son et le regardent avec stupeur)

Matahi : Eh, oh, cool, *man* ! C'est quoi ton plan, là ? T'as un blème ? Respire, ça va bien se passer !

Ma'i : Hum… Pardon, jeunes damoiseaux pour cette entrée en matière quelque peu… discourtoise, j'en conviens.

Matahi : « Jeunes damoiseaux » ? Alors là j't'arrête tout de suite, mec ! J'sais pas c'que t'as fumé, mais y a pas d'homme-oiseau, ici ! (Il le regarde des pieds à la tête) Waouh ! C'est quoi cette tenue ! Sans dec', *man*, c'est fini, Halloween ! (les deux jeunes rient et se font un *fist bump* puis le déclinent par de nombreux gestes… Regard éberlué de Ma'i)

Ma'i : Toutes mes excuses pour cette méprise, jeune… (il lit sur le t-shirt de Matahi, écrit en gros, la marque Calvin Klein) jeune Calvin de la famille Klein.

Matahi : Comment tu m'as appelé ?

Ma'i : Calvin Klein ? J'ai connu un jeune marquis de Klein à la cour de mon cher ami le roi George.

Matahi : Ouah ! C'est *hot*, ton truc, là ! Je sais pas ce que t'as fumé, bro, mais moi, je m'appelle pas Calvin Klein !

Ma'i : C'est que… Il me semble avoir vu votre nom écrit sur votre vêtement !

Matahi : Wazaa ! Alors toi, t'es un bon ! La classe internationale, bro ! Calvin Klein, c'est pas moi, *man* ! C'est la marque de mon t-shirt ! Moi, c'est Matahi ! Matahi, de Paea ! Si c'était moi, je t'assure que je ne serais pas là à traîner dans les rues de Papeete avec mon brad ! Je serais dans

un hôtel de luxe cinq étoiles à siroter des cocktails avec des petits parapluies de toutes les couleurs, tu vois le topo ?
(Les deux amis rient et se font à nouveau un rituel de *fist bump*)

Ma'i : Papeete, dites-vous ?

Matahi : Ben oui, on est ici à Papeete ! D'où tu sors, *man* ?

Ma'i : Comment ce panier d'eau a-t-il pu devenir aussi sale et bruyant ? Et cette odeur qui heurte mes sens !... Et ces papiers sales ! Où sont passés les *māpē* ? Les banians ? Les manguiers ?

Matahi : Eh ben, ça doit faire sacrément longtemps que t'es pas venu ici parce que les *māpē* et les manguiers, moi, j'en ai pas vu beaucoup dans la ville à part au parc !

Ma'i : Papeete est donc devenue une ville ?

Matahi : Jo, t'as vraiment abusé ! Oui, on est à Papeete, capitale de Tahiti. Et tu te rappelles qu'on a passé l'an 2000 ?

Ma'i : Pardon, mais je ne m'appelle pas Jo. Mon nom est Ma'i. Il faut m'excuser. Je viens de très loin et j'ai connu cette île il y a fort, fort longtemps. Voilà donc à quoi ressemblent la capitale de Tahiti et ses habitants passé le deuxième millénaire ! Quel chaos !

Matahi : Ah oui, K.-O. technique, là ! T'es vraiment sonné, on dirait !

Ma'i : Mais peut-être pouvez-vous m'aider ?

Matahi : Dis toujours…

Ma'i : Je suis à la recherche d'un grand sage auquel je dois délivrer un message de la plus grande importance. Savez-vous comment je peux le trouver ?

Matahi : Un grand sage ?

Ma'i : Oui, un être doté d'une grande sagesse.

Matahi : Avec une longue barbe blanche et un grand bâton genre Gandalf ?

Ma'i : Peut-être… Savez-vous où je puis le trouver ?

Matahi (riant) : Faut aller voir *Le Seigneur des anneaux*, mon gars ! Y a pas de Gandalf à Tahiti ! Fait trop chaud pour le chapeau pointu et le grand manteau !

Ma'i : Mais peut-être que vous savez où je peux en trouver un ici ?

Matahi : Connais pas de grand sage, moi. Tu as son *vini*[1] ?

Ma'i : Un *vini* ? Euh… non.

Matahi : Tout le monde a un *vini*, maintenant.

Ma'i : Ah bon ? Mais pour quoi faire ?

Matahi : Pour l'appeler, tiens, Einstein !

---

1. Le *vini*, qui est le nom du téléphone portable à Tahiti, est à l'origine celui d'un petit oiseau.

Ma'i : Einstein ?

Matahi : Je sais pas comment c'est chez toi, mais ici, tout le monde a un *vini* !

Ma'i : Ça alors ! Tout le monde a un *vini*…

Matahi : Oui, mec ! Un *vini* !

Ma'i : Très intéressant… J'ai vu en Europe des personnes communiquer par pigeon voyageur. Mais à Tahiti, la communication par *vini*, jamais !

Matahi : Par pigeon voyageur ! Hahaha ! Tu viens du Moyen Âge ou quoi ? Genre tu as le temps de mourir quinze fois avant d'avoir la réponse à ta question ! Hahaha ! Non, 'gin[2], avec un *vini*, c'est plus rapide. Tout ce que tu as à faire, d'abord, c'est sortir ton *vini* de ta poche…

Ma'i : Le sortir de votre poche ? La pauvre petite chose est donc confinée dans une poche ? Vous lui mettez des graines, pour qu'elle y reste ?

Matahi : T'es trop chelou, toi ! C'est juste un *vini*, 'gin. Tu le sors de ta poche, tu appelles ton gars et tu lui parles. C'est aussi simple que ça.

Ma'i : Si c'est pour appeler la personne, pourquoi avoir un *vini* ?

Matahi : Mais avec ton *vini*, tu peux joindre quelqu'un qui est en Chine ou en Afrique, si tu veux ! Tiens, regarde ! (Il sort son téléphone)

2. Abréviation de «frangin».

Ma'i : Oh ! Oh ! Oh ! Je comprends mon erreur ! Voilà donc l'objet que vous appelez un *vini* ! Et qui n'a rien à voir avec le petit oiseau du même nom !

Matahi : Non mais gars, tu pensais quand même pas qu'on était tordus au point de se fourrer des oiseaux dans les poches ! Trop *space*, le *man* ! Regarde, c'est tout simple, tu tapes le *number* de ton gars, tu appuies sur «appel» et tu attends que ton pote te réponde.

Ma'i : Quelle technique extraordinaire !

Matahi : Et tu peux appeler n'importe où dans le monde !

Ma'i : Du coup, savez-vous comment je peux faire pour trouver le… «*number*» d'un grand sage ?

Matahi : Alors là, gros, c'est pas à moi qu'il faut poser la question ! J'te dis, j'connais pas de grand sage, moi ! (Un homme tatoué des pieds à la tête passe par là). Tiens, demande-lui, moi il faut que je me barre ! Je te souhaite bon courage pour trouver ton pote et surtout, reste comme tu es, *man* ! J'ai trop kiffé de te parler ! Yo *man* !

Ma'i : Yo à vous aussi ! Ah, vous avez raison, voilà un noble *ari'i*[3] qui va pouvoir me renseigner.

(Matahi et son ami sortent)

---

3. Chef.

Scène 4

Ma'i et Hotu, un passant

Ma'i : *Maeva 'e mānava, e te ari'i nui ē !*

Le passant : Euh, c'est à moi que tu parles ?

Ma'i (répétant plus haut et en articulant) : *Maeva 'e mānava, e te ari'i nui ē !*

Le passant : Pardon mais je suis un peu pressé ! Et je ne parle pas tahitien !

Ma'i : Comment cette folie est-elle possible ? Tu ne connais pas ta langue ? Toi ? Un *ari'i* ?

Le passant : Euh… Je ne suis pas un *ari'i* ! Et… non. Désolé. Bonne journée !

Ma'i : Attendez ! Je ne vous demande qu'un peu de temps ! Je me sens en confiance pour vous aborder car vous portez les tatouages des *ari'i* du clan des Teva !

Le passant (désignant ses tatouages) : Ah ça ? Ce sont des motifs que je me suis fait faire il y a deux ans. Jolis, hein ? Je ne savais pas qu'ils étaient au clan des Teva.

Ma'i : Comment ? Vous le ne saviez pas ? D'où je viens, il y a longtemps, il était impensable de s'approprier les motifs d'un clan sans y appartenir ! Les tatouages sont sacrés et c'est leur *mana* que vous usurpez.

Le passant : Oui, avant, les tatouages appartenaient à des clans ou à des familles. Aujourd'hui, c'est différent ! T'as pas l'air si vieux que ça, pourtant !

Ma'i : Ainsi le tatouage n'est-il devenu qu'un ornement sans histoire et sans âme ?

Le passant : Ah non, j'ai pas dit ça ! Moi, je danse dans une troupe. Tous les ans, je participe au Heiva. Quand je danse, je rends hommage à la culture de mon pays et à la tradition. Eh ben, c'est la même chose pour mes tatouages. Ils symbolisent mon attachement à ma terre et mon identité.

Ma'i : Mais vous savez alors que traditionnellement le tatouage sert à la circulation du *mana*. Le porter est une protection et un accroissement de l'énergie vitale et le choix de ses motifs ne peut se faire au hasard.

Le passant : Mais je ne l'ai pas fait au hasard ! J'ai bien réfléchi avant ! Pour moi, ce sont les symboles et leur signification qui sont importants. Par exemple, tu vois, là, c'est un *ipu*, symbole de fécondité et d'abondance…

Ma'i : Vous parlez de rendre hommage à la culture et à la tradition… Mais vous ne comprenez pas la langue de votre pays ?

Le passant : Non. Je la chante, je la comprends un peu mais je ne la parle pas.

Ma'i : La langue n'est-elle pourtant pas la preuve la plus évidente du lien à la terre d'appartenance ? Comment peut-on se dire d'un lieu sans parler la langue de ses ancêtres ? Celle qui raconte les êtres, les dieux, l'âme d'un peuple ? Ta famille ne t'a donc jamais appris à parler ta langue ?

Le passant : Ben non... Je connais des petits mots mais dans ma famille, il n'y a que mon grand-père qui parle encore tahitien. Mes parents le comprennent mais ne le parlent jamais. Et moi, j'ai fait un peu de *reo tahiti* à l'école mais c'est tout.

Ma'i : Folie !

Le passant : Ben oui, mes parents pensaient qu'il valait mieux que j'apprenne le français, que ça me servirait plus que le tahitien.

Ma'i : Ainsi vous parlez français ?

Le passant : Ben oui... Euh... toi aussi, non ?

Ma'i : Ah oui, c'est vrai que je parle français...

Le passant : Et je parle anglais !

Ma'i : Magnifique ! «*How do you do ?*»

Le passant : *Hi !*

Ma'i : Ainsi, vous avez pu apprendre deux langues étrangères et pas la propre vôtre ? Voilà vraiment quelque chose qui me semble inouï...

Le passant : Tu as raison. Aujourd'hui, à Tahiti, tout le monde parle français. Et anglais. C'est banal ! Alors que ceux qui connaissent le tahitien, ils peuvent... je ne sais pas moi... faire de la politique par exemple.

Ma'i : De la politique ?

Le passant : Ben oui. Si tu ne parles pas tahitien, tu ne peux pas faire de politique.

Ma'i : Voilà qui est intéressant.

Le passant : Si tu veux toucher tout le monde, tu es obligé. Et apparemment, les hommes politiques ne disent pas tout à fait la même chose en français et en tahitien ! C'est comique !

Ma'i : J'imagine...

Le passant (s'en allant) : Écoute, ça m'a fait plaisir de discuter, mais je suis vraiment pressé. Tiens, je peux te dépanner avec un peu d'argent mais il va vraiment falloir que j'y aille.

Ma'i : Merci infiniment pour cette aide mais je ne suis pas un mendiant... (essayant de le rattraper), je cherche un sage...

Le passant (il s'éloigne en riant) : Alors là, bon courage, l'ami !

Ma'i : Attendez ! (l'homme s'en va) Quel monde étrange ! Ces hommes qui ne savent plus leur langue ! Comment une telle aberration est-elle possible ?... Bon, j'ai maintenant un peu d'argent et je n'ai plus qu'à trouver le «*number*» d'un sage. Mais qui pourra m'aider ?… Cet homme peut-être ? (Un Chinois passe.) Tiens, un Asiatique ! J'en ai rencontré un lors de mon séjour chez les *Piritane*[4]. Oyez, noble habitant de l'empire du Milieu. 欢迎贵宾 *Huanying gui bin*[5].

4. Nom tahitien pour désigner les Britanniques.
5. «Bienvenu, noble étranger» en mandarin.

Scène 5

Ma'i et Louis, le commerçant chinois, Anamua

Le commerçant chinois : *E aha tā 'oe e parau ra*[6] ?

Ma'i : Comment… vous connaissez la douce musique de notre langue ? *E aha rā ho'i i te māere rahi, 'o te tahi rātere mai te fenua ātea roa mai 'o tei 'ite ho'i i tō mātou reo ! 'Ia maita'i noa 'oe*[7] !

Le commerçant chinois : *E hoa aera ma'au*[8] ! Je ne viens pas d'une terre lointaine, je suis de Tahiti, moi. C'est toi qui n'es pas d'ici ! Tu parles bizarrement !

Ma'i : En effet, je viens de… loin. Quel bonheur d'entendre parler notre langue. Mais par quel miracle la connaissez-vous ?

Le commerçant chinois : Y a pas de miracle ! Tout le monde parle tahitien chez moi !

Ma'i : Voilà qui est prodigieux !

---

6. « Que dites-vous ? » en tahitien.
7. « Par quel prodige un homme venu d'une terre aussi lointaine connaît-il notre langage ? Soyez béni ! » en tahitien (formule archaïsante).
8. « Mais non, espèce d'idiot ! »

Le commerçant chinois : Mes arrière-grands-parents sont venus de Chine mais je suis d'ici, moi.

Ma'i : Vous avez appris notre langue dans un dictionnaire ?

Le commerçant chinois : Le tahitien ? *'Aita*[9] *!* Mes grands-parents me l'ont appris. Ils l'ont appris ici, auprès des Tahitiens.

Ma'i : Oh ! Je vois ! Ils étaient sans doute de grands érudits ?

Le commerçant chinois : Hahaha ! Quelle blague ! Ils ne savaient même pas lire ! Leurs ancêtres ont travaillé très dur dans les champs de coton d'Atimaono, à économiser sou par sou… C'étaient des Hakkas venus de Chine.

Ma'i : Je vois. Du coup, j'imagine que vous aussi, vous économisez sou par sou pour rentrer dans votre lointain pays et retrouver vos ancêtres, n'est-ce pas ?

Le commerçant chinois : Ah non alors ! Je suis bien ici ! Je suis chez moi ! Qu'est-ce que j'irais faire en Chine ? Ce sont mes grands-parents qui ont vécu pauvrement. Moi, ça va, je vends des perles et je vis dans une belle maison !

Ma'i : Décidément, certaines choses de ce monde m'échappent !…

---

9. Non.

Le commerçant chinois : Allez, je dois te laisser, j'ai des clients qui m'attendent dans mon bureau ! Bonne journée ! (Il s'en va)

Ma'i : Attendez !... (Il s'assied sur le même banc qu'Anamua qu'il ne regarde pas au début). Quelle folie ! Comme les gens sont devenus pressés ! Pas moyen d'avoir une conversation suivie. Si ça continue, je vais rester coincé ici. Dans cet enfer !

Scène 6

Ma'i, Anamua

Anamua : Bienvenue au XXIe siècle ! Les gens courent dans tous les sens comme des insectes désorientés…

Ma'i : Ah ! Je ne saurais mieux dire !

Anamua : Ils courent toute leur vie en oubliant de regarder autour d'eux. Tous concentrés sur un futur illusoire, chimérique…

Ma'i : C'est terrible !

Anamua : C'est un poncif des temps modernes, mais c'est tellement saisissant ! L'homme moderne oscille entre les ruminations du passé et les spéculations sur l'avenir.

Ma'i : Quelle vision sans concession de votre époque !

Anamua : Je t'entends parler depuis tout à l'heure, l'étranger, et j'ai l'impression que tu as besoin d'aide. Je me trompe ?

Ma'i : Soyez bénie pour cette parole ! Enfin quelqu'un qui me comprend ! Oui, en effet, j'ai besoin d'aide. Je ne sais plus comment faire. On m'a confié une mission de la plus haute importance mais je suis perdu ici…

Anamua : Une mission de la plus haute importance ? Tiens donc ! Tu es un peu dramatique, non ? On dirait *Mission impossible*, ton truc !

Ma'i : Mission impossible ? J'espère que vous vous trompez !

Anamua : Qu'est-ce que c'est, cette «mission de la plus haute importance» ?

Ma'i : Je dois rencontrer un sage.

Anamua : Un sage ! Décidément, tu m'intrigues ! Un sage… Voilà bien un spécimen en voie d'extinction…

Ma'i : Vous m'effrayez ! Il doit pourtant bien exister quelqu'un qui ressemble à cela !

Anamua : Vous voulez dire un personnage qui parle posément et dit des choses aussi essentielles qu'éternelles sur l'humanité et le monde ?

Ma'i : Je ne saurais dire mieux !

Anamua : Genre maître Yoda ?

Ma'i : Oh, un maître ? Oui, sans doute !

Anamua : Maître Yoda, le maître Jedi, dans *Star wars* !

Ma'i : Je ne connais pas ! Dites-m'en plus…

Anamua : Maître Yoda, c'est un petit être verdâtre qui forme les apprentis Jedi.

Ma'i : Les Jedi ?

Anamua : Oui, ce sont des espèces de guerriers-philosophes dotés de pouvoirs extraordinaires. Ils ont un grand sabre laser et combattent pour le maintien de la paix dans la galaxie.

Ma'i : Magnifique ! C'est donc ce petit bonhomme vert qui les accompagne dans leur tâche ?

Anamua : Oui, c'est ça. Quelle que soit la situation, il reste calme. Il parle toujours par aphorismes. Du style : «La peur est le chemin vers le côté obscur.» C'est le sage parmi les sages ! J'adore ce personnage !

Ma'i : En effet, c'est exactement ce que je cherche ! Savez-vous où je peux le trouver ?

Anamua : Malheureusement, ce genre de sage n'est pas réel. Maître Yoda est un personnage de fiction…

Ma'i : Ah ! Vous vous moquez… C'est une plaisanterie pour vous, mais pour moi, les choses sont graves ! Vous ne comprenez pas ! Je risque de rester coincé ici !

Anamua : Pardon, je ne voulais pas t'offenser. C'est que tout ça semble un peu décalé… Une mission, un sage… Et d'abord, que lui veux-tu à ce sage ?

Ma'i : Je dois lui faire part d'un message d'une extrême importance.

Anamua : D'accord... Et ce message, il vient de quel organisme ? Les services secrets ?

Ma'i : Je préférerais ne pas trop m'étendre sur l'émetteur du message. Disons que... c'est quelqu'un de très important...

Anamua : D'accord... Genre ministre ?

Ma'i : Euh... Disons plus... (il fait un geste de la main qui veut dire plus haut)

Anamua : Ah ? Plus haut placé ? Le président ?

Ma'i : (même jeu)

Anamua : Plus haut que président ? Euh... alors là, je sèche. À moins d'être régisseur de la galaxie ou Dieu lui-même, je ne vois pas. Enfin peu importe. On va dire que ce personnage super important t'a confié une mission...

Ma'i : C'est bien ça.

Anamua : Tu n'es pas d'ici, n'est-ce pas ?

Ma'i : Non, en effet... Je viens de... très loin... Et j'ai connu Tahiti il y a fort longtemps...

Anamua : Tu n'as pas l'air si vieux que ça pourtant.

Ma'i : J'ai vingt-neuf ans, l'âge que j'avais au moment de ma...

Anamua : De ta ?...

Ma'i : C'est une longue histoire… Un peu compliquée…

Anamua : J'ai tout mon temps, moi ! Et j'adore les histoires ! Surtout celles avec un sage et une mission de la plus haute importance ! Je trouve ça tellement rafraîchissant ! Et intrigant… Alors dis-moi… C'est où, ce très loin d'où tu viens ?

Ma'i : Je suis originaire de Raiatea.

Anamua : Ah, Raiatea ! Pas si loin que ça alors !

Ma'i : Disons que je reviens ici après un long, long voyage…

Anamua : D'accord. Je comprends mieux.

Ma'i : Quoi ?

Anamua : Ton petit air un peu décalé.

Ma'i : Vous trouvez ?

Anamua : Oui… Mais c'est charmant !

Ma'i (la saluant) : Merci pour cette parole. Mon nom est Ma'i.

Anamua : Enchantée, Ma'i. Moi, c'est Anamua.

Ma'i (son visage s'éclaire) : Anamua…

Anamua : Oui…

Ma'i : Le pilier d'entrée du dôme céleste… Antarès… Quel augure ! Je suis sûr que vous allez pouvoir m'aider !

Anamua : Mes parents étaient des passionnés d'astronomie.

Ma'i : Votre nom est merveilleusement providentiel pour moi, Anamua ! Et je suis aussi honoré qu'heureux de faire votre connaissance.

Anamua : Je le suis également, Ma'i.

Ma'i : Et comme c'est reposant d'avoir affaire à quelqu'un qui ne court pas dans tous les sens.

Anamua : Merci.

Ma'i : N'avez-vous donc pas des obligations fort pressées, vous aussi ?

Anamua : Non. Moi, j'ai besoin de prendre mon temps, au contraire. J'écoute. J'observe. Je rêve… J'écris.

Ma'i : Vous tenez un journal ?

Anamua : Un journal du monde, oui, si on veut.

Ma'i : Ah, vous êtes journaliste ?

Anamua : Je raconte des choses qui ne sont pas vraies… Mais je dis des vérités…

Ma'i : Des vérités qui ne sont pas vraies ? Vous mentez ?

Anamua : Je ne mens pas. Tout est vrai ! Même ce que j'invente…

Ma'i : (interloqué)

Anamua : Je suis romancière.

Ma'i : Une femme romancière ? Voilà qui est extraordinaire ! Je suis doublement honoré.

Anamua : Merci. Mais tu sais, ici, ce sont surtout les femmes qui écrivent.

Ma'i : Elles sont donc si nombreuses à savoir écrire ?

Anamua : Dis-donc, toi, tu fais de l'humour, c'est ça ?

Ma'i : Euh… non. Pardon ! Je suis juste ignorant de ce monde moderne… et émerveillé que les femmes manient la plume ! Et qu'écrivez-vous ?

Anamua : En ce moment, j'écris un roman sur une généalogie familiale qui commence avec l'arrivée des premiers Européens…

Ma'i : Oh, alors là, vous m'intéressez ! Je peux vous aider, vous savez ! Je connais très bien cette histoire, je l'ai vécue de très près. Je pourrais vous donner des détails que personne ne connaît. Et qui vous permettraient de faire vrai !

Anamua : Ah bon ? Comment ça « vécue de très près » ? Tu es un peu jeune pour y avoir été !

Ma'i : Oui, disons que… J'ai des sources sûres. Mon… aïeul a vécu de près cette période de l'histoire et nous l'a racontée en détail.

Anamua : Ah oui ? Alors là, oui, tu m'intéresses ! L'histoire vue et vécue par un témoin…

Ma'i : C'est une période exaltante ! Il faut que vous racontiez le prestige dont bénéficiaient ces navigateurs ! Cook, par exemple, était un marin hors pair ! Un homme dur, intransigeant, mais passionné.

Anamua (sceptique) : Je n'avais pas spécialement en tête de faire l'apologie des navigateurs européens…

Ma'i : Leur civilisation était très avancée ! Ils avaient des armes que nous n'avions pas !

Anamua : Oui, et des maladies que nous n'avions pas non plus !

Ma'i : Furneaux, par exemple, était un homme extraordinaire ! Cultivé, aimant son prochain… Il a été très bon pour m… mon aïeul.

Anamua : C'est ce que ton aïeul a raconté ?

Ma'i : Mais oui ! Et Banks lui a fait l'honneur de son amitié jusqu'à sa mort.

Anamua (ironique) : Ah oui ? Il lui a donné des clous ?

Ma'i : Des clous ?

Anamua : Ben oui, c'était leur monnaie d'échange, les clous, non ?

Ma'i : Eh bien, euh…

Anamua : Ben oui ! C'est bien connu : les navigateurs donnaient des clous et en échange, on leur donnait des plantes, de la nourriture, des femmes…

Ma'i : Les clous nous ont… leur ont été fort utiles, il faut bien le reconnaître. Et il est vrai que les chefs réservaient – mais uniquement aux hommes les plus importants – leurs filles, selon la coutume… Je ne vois pas de mal à cela.

Anamua : Ben voyons ! Tu ne vois pas de mal dans le fait d'utiliser ces pauvres filles comme de la marchandise ?

Ma'i : Mais c'était un privilège pour ces jeunes filles, que de…

Anamua : Que de se donner à ces marins nauséabonds, en rut, atteints de scorbut ?

Ma'i : Vous ne savez rien ! Ils étaient puissants et elles considéraient comme un honneur de satisfaire ces hommes !

Anamua : Et bien sûr, vous le savez parce que vous leur avez demandé leur avis sur la question, n'est-ce pas ?

Ma'i : Vous ne vous rendez pas compte d'une chose : elles obéissaient à leur chef autant qu'à leur père en se donnant aux navigateurs. Et elles étaient particulièrement humiliées si l'un de ces navigateurs ne lui manifestait pas son inclination par la voie charnelle.

Anamua : Évidemment ! Tout cela est une histoire d'hommes et de pouvoir ! Les femmes étaient utilisées comme des marchandises dans cette affaire !

Ma'i : Comme vous enlaidissez les choses !

Anamua : Ah, tu trouves ? T'as vraiment perdu la mémoire, toi ! On a été dépouillé de tout ! Nos terres, nos rites, nos dieux ! Nous les avons laissés nous dépouiller…

Ma'i : Nous dépouiller… C'est un peu excessif, non ? Vous considérez tout de même que ces navigateurs nous ont permis de nous élever ! Grâce à eux, nous avons appris à manier des armes à feu…

Anamua : Magnifique ! On a pu se tirer les uns sur les autres !

Ma'i : Ils nous ont appris à lire et à écrire. Ils nous ont apporté la lumière de leurs connaissances.

Anamua : Ah oui ! Bien sûr ! La lumière de leurs connaissances ! À nous autres, esprits faibles et ignorants ! Vive la mission civilisatrice de l'Occident !

Ma'i : Comment ? Vous ne croyez pas aux vertus de la civilisation ?

Anamua : De quelle civilisation parlez-vous ? Nos ancêtres ne savaient-ils pas lire dans le ciel et les étoiles sans compas ? Ne connaissaient-ils pas les plantes, la botanique, les cycles de la vie ?

Ma'i : Je ne dis pas le contraire, mais…

Anamua : Nos ancêtres n'étaient-ils pas infiniment sages et civilisés ? En osmose avec la nature ?

Ma'i : Vous parlez de nature, mais c'est de culture que je vous parle ! D'opéra, de théâtre, de livres, d'enluminures ! Je vous parle d'architecture ! J'ai vu tout cela à Londres. J'ai vu ces choses ! Ces édifices si majestueusement ciselés et si haut dans le ciel qu'ils vous font monter les larmes aux yeux !

Anamua : Très bien ! Magnifique ! Moi aussi, j'adore les églises gothiques ! Mais aucune œuvre d'art, aucun palais ne vaut l'asservissement d'un peuple par un autre. Et puis moi, j'aime passionnément les légendes de mon pays, ses *marae*, ses étoiles…

Ma'i : L'asservissement ! Comme vous y allez ! Vous semblez oublier qu'en termes d'asservissement, nos sociétés étaient des sociétés très hiérarchisées. Les *ari'i* étaient tout-puissants. Quand on était un *manahune*, on n'avait pas tellement le choix.

Anamua : Oui… C'est vrai… tandis que la société européenne n'était pas hiérarchisée du tout !

Ma'i : Personne de chez moi ne m'aurait traité… n'aurait traité mon aïeul de la façon dont il a été traité à la cour du roi George. Il a pu bénéficier des privilèges réservés à la noblesse ! Croyez-vous qu'il aurait pu être traité comme un *ari'i* chez lui ?

Anamua : L'herbe semble toujours plus verte ailleurs…

Ma'i : Le roi George était un roi exceptionnel, qui l'a traité en ami.

Anamua : En ami ? Rien que ça ?

Ma'i : Absolument ! Vous seriez étonnée...

Anamua : Dis-moi tout... De quels privilèges a-t-il pu bénéficier ?

Ma'i (fier) : Il a pu participer aux bals les plus élégants de la société londonienne, aux concerts les plus rares, aux représentations théâtrales les plus attendues par la cour... Il était habillé comme un lord, à la mode anglaise. Les femmes de la cour se retournaient sur lui, je peux vous l'affirmer...

Anamua : Ah ! Magnifique ! Un singe savant ! Ils en ont fait un singe savant !

Ma'i : Pardon, mais vous devenez insultante à la fin ! Il était salué et respecté ! Il a même tissé des liens avec les plus hauts personnages de la cour d'Angleterre !

Anamua : Oui, c'est ça ! Et il est revenu chez lui avec de la verroterie pour ses bons et loyaux services ! La gloire !

Ma'i (Un temps. Très calme) : Comme vous le sous-estimez ! Finalement, c'est vous qui êtes insultante pour l'intelligence des hommes de votre terre... Vous croyez peut-être qu'il était dupe de tout ce qui se jouait autour de sa personne ? Vous ne croyez pas qu'il était suffisamment perspicace pour saisir les nuances de condescendance dans les paroles caressantes qu'on lui adressait ? Qu'il ne saisissait pas les moqueries et la suffisance camouflées derrière les éloges les plus habiles ? Allons… Un peu de sérieux… Il a bien compris tout ça… Si vous saviez… Je pourrais vous raconter une anecdote avec une *lady* déguisée en homme qui a cru le berner sur son identité…

Anamua : Mais…

Ma'i (grave) : Vous ne comprenez pas ! Tout ce voyage avait pour unique but de se venger ! Tout ! Le voyage, le soutien de puissants aristocrates, les armes qu'il a pu se procurer… Alors oui, il faisait semblant d'être docile et de se plier à tout ce qu'on attendait de lui d'un peu… exotique… Mais sachez-le, tout était calculé, motivé par une douleur sourde, profonde…

Anamua : De qui voulait-il se venger ?

Ma'i : Puni, le chef de Pora Pora avait mis à mort son père. Son vénéré père… assassiné ! Jamais cette peine ne s'effacerait…

Anamua : Son père ? Assassiné par Puni ? Eh mais… attends… Ça me dit quelque chose, cette histoire…

Ma'i : Oui ?

Anamua : Je le connais ton ancêtre !

Ma'i : (…)

Anamua : C'est Ma'i ! On l'a appelé Omai ! Omai le Raromata'i ! Il est allé en Angleterre avec Furneaux, c'est ça ? Mais… Comment est-ce que tu m'as dit que tu t'appelais ?

Ma'i (Un temps. Solennel) : Ma'i. Mon nom est Ma'i. J'ai vécu au XVIIIe siècle et je reviens pour délivrer un message aux hommes de votre temps.

(Danse de salon introduisant la cour d'Angleterre…)

Scène 7

La marquise, le vicomte, lady Hamilton

(À la cour du roi George, dans l'antichambre de l'atelier du peintre Joshua Reynolds)

La marquise : Mais avant de le voir, vicomte, dites-nous quelques mots de ce sauvage ! N'allons-nous pas être croquées toutes crues par cet individu ?

Le vicomte : Rassurez-vous marquise, si quelqu'un doit être croqué, ce sera lui… par notre peintre !

La marquise (riant) : Oh vicomte ! Quel esprit !

Le vicomte : L'éminent Joshua Reynolds a en effet décidé d'immortaliser notre insulaire et nous avons la chance d'assister à une séance de pause en compagnie du jeune Otahitien.

Lady Hamilton : Quelle merveilleuse idée vous avez eue de nous mener à lui ! Je suis tout à fait ravie de voir de près le phénomène ! Savez-vous qu'il fait l'objet de toutes les conversations de la cour et que le tout-Londres suit ses exploits dans les journaux !

Le vicomte : Il faut dire que c'est un prodige ! Vous n'imaginez pas tout ce qu'il est capable de faire ! Nous lui avons appris à jouer aux échecs il y a tout juste quelques mois, et figurez-vous qu'il bat désormais certains de nos meilleurs joueurs !

La marquise : Vraiment, vicomte ? Voilà qui est étonnant ! Votre sauvage aurait-il développé des facultés par mimétisme ? L'intelligence est-elle donc contagieuse à la cour ?

Le vicomte : Il est vrai qu'il a adopté nos manières avec une facilité déconcertante.

La marquise : Oh, j'ai hâte de voir cela ! Un sauvage avec nos manières !

Le vicomte : Je dois dire qu'il a une grâce et un naturel confondants. Sa prestance et son raffinement sont absolument remarquables ! Croyez-moi, en quelques mois, ce jeune homme ferait presque honte à certains de nos jeunes aristocrates élevés dans la plus pure tradition anglaise.

La marquise : On dit que ces sauvages ont un talent inné pour imiter et reproduire les gestes et les manières qu'ils observent.

Le vicomte : Vous avez raison marquise, sa capacité à reproduire ce qu'il observe est absolument prodigieuse ! Et son don pour la pantomime provoque des éclats de rire à chaque fois qu'il lui prend l'envie d'imiter l'un d'entre nous !

La marquise : Un singe savant !

Le vicomte : Avec tout le respect que je vous dois, chère marquise, permettez-moi de vous dire que l'homme est bien plus qu'un simple imitateur. Il voit tout et détecte avec une finesse infinie les moindres petits mouvements intérieurs que les uns ou les autres s'efforcent de camoufler. Une gêne, un malaise, une colère rentrée... il voit tout !

La marquise : Vraiment, vicomte ?

Lady Hamilton : Est-il bel homme, au moins, votre Indien ?

Le vicomte : Mon sexe ne me permet guère de juger de la chose. Mais je dois reconnaître qu'il est aussi difficile de n'être point charmé par sa personne dont il se dégage un je-ne-sais-quoi que par son extraordinaire talent à se faire aimer de tous.

Lady Hamilton : Vous attisez ma curiosité, vicomte...

La marquise : Sa peau n'est-elle pas sombre ? Le capitaine Cook le décrivait comme «laid», dit-on.

Le vicomte : La peau est sombre, en effet. Mais les traits de son visage, pour n'être pas aussi fins et délicats que ceux que l'on prend comme critères de beauté à la cour, sont empreints d'une douceur exquise, chère marquise...

La marquise : Tel que je vous entends, cher vicomte, il me semble que vous avez été envoûté par votre sauvage.

Le vicomte : Je l'avoue sans honte, Marquise. L'homme m'a touché. Ses qualités naturelles sont pour moi autant d'illustrations de la supériorité de la nature sur la civilisation.

La marquise : Voyez cela ! Notre vicomte serait-il lecteur de ce monsieur Rousseau qui fait fureur en France ?

Le vicomte : Et pourquoi pas ? Il me semble que le philosophe genevois a écrit quelques vérités sur les hommes. Nous autres, nous tenons la nature humaine pour mauvaise. Mais je crois profondément que si on se laissait guider par elle, si on laissait s'épanouir nos meilleurs penchants dans la pureté de leur état naturel, nous serions surpris d'y trouver des joyaux.

La marquise : Nos instincts les plus bas doivent être bridés par une solide éducation sans laquelle les hommes ne sont que des brutes sans âme !

Le vicomte : Soit. À condition d'envisager l'éducation comme un accompagnement éclairé et non comme une suite de brimades.

La marquise : Allons vicomte ! Vous n'auriez pu lire ni Rousseau ni aucun autre livre si un précepteur bien avisé ne vous avait appris à lire ! S'il ne vous avait forcé par la contrainte la plus stricte et sans doute assistée de brimades à déchiffrer péniblement les mots de votre livre quand votre instinct le plus naturel vous aurait plus volontiers poussé à gober des mouches ou à leur arracher leurs petites ailes… Ce qui aurait fait de vous un ignorant !

Le vicomte : Mon précepteur, qui fut un homme d'une grande sagesse, m'a appris à lire en attisant ma curiosité naturelle et en faisant participer la nature au processus d'apprentissage. Je me souviens que nous nous mettions dans les jardins de mon père et épelions le nom des plantes autour de nous…

Lady Hamilton : Mon Dieu que vous êtes assommants avec vos discussions sérieuses sur l'éducation ! J'en ai mal à la tête ! De grâce, mes amis, revenons à un peu de légèreté ! Dites-moi, vicomte, comment notre habitant des antipodes est-il mis ? Suit-il la mode de la cour ?

Le vicomte : Il a adopté, avec la coiffure, la mode anglaise des aristocrates. Son goût est si sûr qu'il exige de porter les satins et les velours les plus délicats.

La marquise : Merci de nous épargner la vue d'un sauvage à moitié nu !

Le vicomte : Je ne l'ai jamais vu autrement que mis très élégamment.

Lady Hamilton : Un Otahitien habillé à la mode anglaise ! Je brûle de le rencontrer, vicomte !

Le vicomte : Votre enthousiasme est aussi vif que celui qu'il déclenche chez les autres femmes de la cour ! Et si j'en crois les bruits qui courent, il semblerait qu'une certaine comtesse n'ait pas été insensible aux charmes de notre homme…

Lady Hamilton : Oh vicomte, vous en dites trop ou pas assez ! Qui est-ce ?

Le vicomte : Taratata ! Je ne puis rien dire sans compromettre la personne en question.

Lady Hamilton : Nous le saurons d'une manière ou d'une autre.

La marquise : Décidément, tous les goûts sont dans la nature. Et je serai toujours surprise de voir jusqu'où la fantaisie peut aller dans le domaine amoureux.

Lady Hamilton : Et où habite-t-il, votre sauvage ?

Le vicomte : Il habite la vaste maison de M. Banks, notre botaniste. Maison, paraît-il, transformée en un véritable musée ! Il y aurait accumulé des milliers de plantes séchées et des animaux empaillés : des oiseaux, des poissons, des reptiles !

Lady Hamilton : Fascinant !

La marquise : Quelle horreur !

Le vicomte : Mais rassurez-vous, Marquise, vous n'aurez pas à affronter ces espèces effrayantes pour rencontrer notre homme. C'est bien simple, il est de tous les événements de la société londonienne et il n'est pas un dîner, un spectacle ou une partie de chasse auxquels il ne soit convié. Vous ne pourrez pas le manquer ! D'ailleurs, savez-vous que lord Sandwich s'est littéralement entiché de lui !

Lady Hamilton : Oh, s'il aime les jeux, j'imagine en effet qu'il a dû s'entendre à merveille avec lord Sandwich !

Le vicomte : Oui ! Les deux hommes se plaisent à faire d'interminables parties de cartes ! La bonhommie et la patience du jeune Omai peuvent seules venir à bout des tricheries les plus éhontées de notre éminent lord !

Lady Hamilton : Lord Sandwich n'est en effet pas un parangon de vertu au jeu et votre Omai doit avoir des qualités exceptionnelles pour supporter ses éternelles tricheries !

Le vicomte : On raconte à ce sujet une anecdote assez cocasse ! Les deux hommes étaient tellement pris dans leur jeu de carte que lord Sandwich a demandé qu'on leur fît porter de la viande froide entre deux tranches de pain ! On dit que notre cher lord en a été tellement ravi qu'il a renouvelé l'opération avec d'autres aliments et a décidé de donner son nom à ces petits en-cas qu'il est désormais convenu d'appeler des «sandwiches» !

Lady Hamilton : Des «sandwiches» dites-vous ? Quelle plaisanterie ! Je doute fort que cette recette ait une quelconque postérité ! Agrémenter son repas de deux pauvres tranches de pain me semble de toute évidence, complètement dénué d'intérêt !

Le vicomte : Je ne vous le fais pas dire…

La marquise : Je sais ce que nous allons faire, vicomte ! Je veux vous prouver que votre sauvage est aveugle aux subtilités les plus élémentaires de notre cour ! Nous allons lui jouer un tour ! Et vous verrez que votre petit protégé n'a pas plus de perspicacité qu'il n'a d'intelligence ! Chère amie, cher vicomte, je vous propose un jeu ! Vous allez échanger vos identités ! Vous, vicomte, vous déguiserez en femme tandis que vous, lady Hamilton, vous habillerez en homme.

Lady Hamilton (riant) : Comment ? Que je m'habille en homme ? Vous n'y pensez pas, ma chère !

La marquise : Exactement ! En homme !

Le vicomte : Et moi en femme ? Pourquoi pas ? Voilà qui peut être drôle ! Mais il risque de me reconnaître. Il m'a été présenté justement par lord Sandwich il y a quelques semaines. Notre petite manœuvre sera rapidement éventée.

La marquise : Eh bien je vous parie que non ! Ce sauvage n'y verra que du feu, je vous le garantis. Je sais ce que je vais faire : je vous présenterai sous de faux noms. Et pour rendre la plaisanterie plus piquante, je vous donnerai des noms de personnages de théâtre !

Lady Hamilton : Mais que ferai-je s'il me propose… je ne sais… d'aller fumer un cigare entre hommes ?

La marquise : Ne vous inquiétez pas, chère amie, nous serons là pour vous épauler.

Lady Hamilton : Eh bien… soit ! Si le vicomte en est d'accord lui aussi, je vous suis dans votre plaisanterie, chère Marquise. J'aurai ainsi l'occasion d'observer le sujet en toute liberté.

Le vicomte : Je veux bien vous montrer que vous avez tort, chère Marquise. C'est pourquoi j'accepte de jouer ce petit tour à notre ami Otahitien et vous verrez qu'il saura rapidement à qui il a affaire !

La marquise : Et moi je vous soutiens que non ! Efforcez-vous simplement de ne pas trop parler pour ne pas que votre voix vous trahisse. Je ferai la conversation. Allons, pressons ! Je m'en vais mettre notre ami le peintre dans la confidence et vous propose de nous retrouver ici dès que vous vous serez changés.

Lady Hamilton : J'en ris d'avance ! Hâtons-nous, donc, vicomte !

Scène 8

Omai, Anamua puis Ra'i

(Retour à Papeete)

Anamua : C'est une blague !

Ma'i : Je vous assure que non…

Anamua : Cette histoire est complètement abracadabrante… Je veux bien croire que certaines âmes reviennent nous hanter, j'ai moi-même raconté des histoires de *tūpāpa'u* dans mes romans. Mais là… revenir en chair et en os…

Ma'i : Je vous dis la vérité. Je suis Ma'i en chair et en os.

Anamua : Le même homme qui a vécu au XVIIIe siècle ?

Ma'i : Le même homme qui a vécu au XVIIIe siècle…

Anamua : Et qui revient au XXIe siècle pour délivrer un message aux hommes ?

Ma'i : Écoutez, je sais que c'est difficile à croire mais si vous voulez, interrogez-moi sur le passé ! Je peux vous raconter tout ce que j'ai vu et vous pourrez vérifier mes dires.

Anamua : Mais tu pourrais très bien être un érudit, spécialiste de cette période historique ?

Ma'i : Je peux vous donner sur cette période des détails que personne ne vous donnera. Allez-y, interrogez-moi !

Anamua : Où habitiez-vous en Angleterre ?

Ma'i : J'ai habité Londres. La grande maison de mon ami Joseph Banks. J'y étais bien, entouré de plantes séchées et de toutes sortes d'animaux empaillés.

Anamua : Banks... Le botaniste ?

Ma'i : Oui, lui-même ! Je me suis lié d'amitié avec lui quand il est venu à Tahiti la première fois en 1769. Vous pourrez vérifier.

Anamua : Oui, j'ai lu des choses sur lui. Il voulait rentrer en Angleterre avec des pieds de *'uru*, c'est bien ça ?

Ma'i : Oui, c'est bien ça. Mais les pieds de *'uru* sont morts en chemin.

Anamua : On dit que c'était un grand botaniste.

Ma'i : Un grand botaniste, en effet. Mais c'était surtout un homme aux qualités humaines remarquables. Ouvert d'esprit, curieux, nous traitant comme ses égaux. Il a fait beaucoup pour que les relations avec les navigateurs restent sereines.

Anamua : C'est-à-dire ?

Ma'i : Cook était rigide et intransigeant. À tel point qu'il était compliqué parfois de garder des relations harmonieuses avec nous. Un jour, l'un de nos hommes a volé un petit miroir de rien du tout. Cook, furieux, était à deux doigts de recourir à la violence contre nous. Heureusement, Banks est intervenu… Il a été parfait. Il a d'abord su trouver les mots pour calmer Cook. Il lui a expliqué que ce petit larcin n'en était pas vraiment un dans l'esprit du voleur. Plutôt un emprunt. Puis il a convaincu le voleur de rendre l'objet du délit après s'être platement excusé. Et tout le monde a été satisfait. Il arrivait toujours à trouver une solution pacifique à tous les problèmes. D'ailleurs, c'était le seul de l'équipage qui ait appris notre langue.

Anamua : Intéressant !

Ma'i : Et je vais vous raconter maintenant une petite anecdote que les livres d'histoire ne vous raconteront pas !

Anamua : Oui ?

Ma'i : Certains membres de l'équipage de Cook n'osaient pas accepter les… généreuses invitations des femmes. « Péché de fornication » comme ils l'appelaient !

Anamua : Je n'ai pas tellement entendu dire qu'ils résistaient…

Ma'i : Eh bien détrompez-vous ! Autant les matelots de Bougainville ne se faisaient pas prier, autant certains membres de l'équipage de Cook s'efforçaient de rester de marbre face à ces tentatrices. Quelle misère ! De jeunes femmes plus belles les unes que les autres ! Vous les auriez vues ! Les misérables ! Quel gâchis !

Anamua : Tu m'en diras tant…

Ma'i : Hum… Bref… Eh bien notre botaniste quant à lui ne s'embarrassait pas de scrupules inutiles ! Il allait «dormir seul dans les bois», comme il disait ! Hahaha ! Moyennant quoi, dans les bois, quelques créatures enchanteresses l'attendaient !

Anamua : Je vois… C'est pour cette raison que tu l'admires ?

Ma'i : C'était un homme extraordinaire ! Le seul qui ait eu vraiment à cœur d'aller à notre rencontre. Il entretenait des rapports amicaux avec tous, y compris avec la reine[10] ! Il a même participé à une cérémonie funéraire. Je le revois comme je vous vois, le corps enduit de charbon comme nous le faisions pour figurer le fantôme des ancêtres. Il s'intéressait de très près à notre culture.

Anamua : De très très près aux femmes, surtout, on dirait.

Ma'i : Oui, c'est vrai, il s'intéressait aux femmes. Mais pas seulement. Il s'intéressait à nous tous ! Et puis, vous savez, selon mon point de vue, il faisait honneur à la beauté de ces femmes. À la nature ! Aux dieux !

Anamua : (…)

Ma'i : Je pense que le désir est un don sacré et c'est rendre hommage à notre essence humaine que de le laisser s'épanouir librement.

10. Il s'agit de la cheffesse Purea.

Anamua : C'est un point de vue…

Ma'i : Ne pensez-vous pas que ces moments où les corps et les êtres se reconnaissent et se rencontrent sont des moments sacrés ? Je suis sûre que les dieux se réjouissent de ces célébrations sublimes.

Anamua : Si tu le dis…

Ma'i : Vous en doutez ? Pourtant, si vous voyez une belle fleur, vous la cueillez, n'est-ce pas ?

Anamua : C'est pas du tout la même chose. Les femmes ne sont pas des fleurs !

Ma'i : Permettez-moi d'aller au bout de cette comparaison. Cueillir cette fleur, vibrer avec elle en silence… N'est-ce pas une manière de rendre hommage à sa beauté ? L'accueillir entre ses doigts et, de toute son âme, la respirer, n'est-ce pas une façon d'en reconnaître l'essence sacrée ?

Anamua : Oui, enfin on peut aussi simplement prendre conscience de sa beauté en passant devant sans avoir à la cueillir !

Ma'i : La beauté du monde est partout pour être vue, entendue, bue, goûtée ! (il regarde autour de lui puis son regard s'arrête sur elle) Regardez-vous, par exemple. Ce bouillonnement à l'intérieur de vous, qui se laisse juste entrevoir à la surface de vos yeux, votre secret qu'on voudrait pouvoir étreindre… Votre beauté mystérieuse…

Anamua (gênée) : Euh, on peut éviter de me prendre comme objet de réflexion ? On revient à Banks si tu veux bien.

Ma'i : Pardon, oui, vous avez raison, je m'égare. Banks ! Revenons à ce *good old Banks* !

Anamua (s'efforçant de prendre un ton détaché) : Hum… Tu disais donc qu'il ne réfrénait pas ses élans érotiques pour les Tahitiennes ?

Ma'i : Non, je disais qu'il accueillait la beauté du monde, qu'il en étreignait la quintessence de toute son âme. Et je disais qu'il avait raison ! (Un *raerae* passe) Regardez cette personne ! N'est-elle pas extraordinaire ? N'a-t-on pas instinctivement envie de l'approcher ? Chère beauté, pardonnez mon outrecuidance ! Vous a-t-on déjà dit que vous étiez ravissante ?

Scène 9

Ma'i, Anamua, Ra'i

Ra'i : *Ia !* Toi alors ! Au moins, c'est du direct ! Pas de chichi ! «Ravissante» ? J'aime bien ! Et puis c'est pas souvent qu'on m'appelle «beauté» ! Je vous pardonne, toi et ton outrecuidance ! (elle rit).

Ma'i (à Anamua) : Voyez comme en un instant elle prend vie ! Je la vois, je le lui dis et l'aventure du monde peut commencer.

Anamua (sceptique) : Oui, très bien. J'attends de voir la suite.

Ma'i (à Ra'i qu'il regarde soudain très attentivement) : Cette chevelure blonde, cette ligne effilée, cette taille de guêpe ! Vous êtes... unique !

Ra'i (riant de plaisir) : Toi alors ! T'es trop mignon ! Bon, les cheveux, chouchou, je te calme tout de suite, c'est une perruque ! Y a pas de blonde platine chez nous à Rurutu !

Ma'i : Eh bien disons que... cette perruque vous sied à ravir ! Quel goût exquis !

(Anamua sourit)

Ra'i : J'avais le choix entre blond platine et noir corbeau ! Mais c'était trop triste, le noir !

Ma'i : Je pense que vous avez parfaitement choisi !

Ra'i : C'est vrai que j'ai toujours eu du goût ! Même chez moi, j'aime bien marier les couleurs !

Ma'i : Je n'en doute pas !

Ra'i : Toi, tu es un beau parleur ! Et pour ma taille de guêpe, comme tu dis, c'est vrai que je suis fine, fine, fine !! Quand je me mets de profil, tu vois juste mes *boobs* ! (elle rit)

Ma'i : Vos *boobs* ?

Ra'i : Ben oui, mes titis, quoi ! Ils m'ont coûté un peu cher mais ça valait le coup !

(Ma'i se tourne vers Anamua qui lui fait comprendre par un geste que Ra'i lui parle de ses seins. Il comprend finalement)

Ma'i : Vous voulez dire que vous les avez achetés ?

Ra'i : Ben oui, mon chou ! Je ne les ai pas eus à la naissance, ceux-là ! Quand je suis née, c'était plutôt «œufs sur le plat» et compagnie si tu vois ce que je veux dire...

Ma'i : C'est... remarquable !

Ra'i : Remarquable, je ne sais pas ! Cher, ça, oui ! Toutes mes économies y sont passées !

Ma'i : En tout cas, vos... *boobs* vous vont... très bien !

Ra'i : Toi, t'es trop chou ! C'est vrai qu'ils sont pas mal !

Ma'i : Vous n'êtes pas ordinaire !

Ra'i : Oui, on peut le dire ! Je suis extraordinaire !

Anamua : C'est vrai !

Ra'i (à Ma'i) : Je ne sais pas si tu as bien tout compris sur moi, toi... Je pense qu'une petite mise au point s'impose ! Regarde-moi bien ! Ma petite pomme, là, au milieu de la gorge ! Tu la vois ? Et mes pieds ! Tu les vois bien ? Tu peux pas te tromper, je fais du 46. Je peux grimper aux cocotiers avec ces pieds-là ! *Rurutu's style !* Ils adhèrent comme les margouillas ! (elle rit)

Ma'i : Je ne suis pas aveugle et j'ai bien tout compris... Votre grâce extrême et votre... déhanché m'ont tout de suite informé sur votre identité. Vous savez, je viens de loin mais chez nous aussi nous avions des personnes... comme vous... qui ont toujours été estimées.

Ra'i : Ah oui ?

Ma'i : Mais oui ! On sait bien chez nous que vous êtes irremplaçables.

Ra'i : Irremplaçables, ça c'est bien vrai !

Ma'i : D'ailleurs, quand on faisait des sacrifices humains...

Ra'i : Quoi ? Des sacrifices humains ? Mais c'est où, chez toi ? C'est chez les sauvages ?

Ma'i : C'est très loin d'ici... Pour honorer les dieux, on leur faisait des offrandes... des humains... On choisissait une personne nuisible... un criminel par exemple.

Ra'i : Quelle horreur !

Ma'i : Et les personnes comme vous étaient toujours épargnées. On savait que vous étiez trop utiles pour qu'on se prive de votre présence. Vous êtes irremplaçables pour la fabrication du *tapa* et des cosmétiques..

Ra'i : Ah oui ? Pas si barbares, alors ! Ben je ne sais pas où c'est chez toi, mais chez nous, ici, en tant que *raerae*, tu vis pas toujours ta «*best life*» ! Moi, mon père m'a jetée de la maison quand j'avais dix-sept ans. Et personne de la famille pour m'aider. Alors j'ai pris mes cliques et mes claques et je suis partie de mon île !

Ma'i : Vos cliques et vos claques ?

Ra'i : Oui, j'ai mis les voiles ! Je me suis barrée, tirée, envolée !

Anamua : Elle est partie de son île !

Ra'i : De toute façon, j'avais envie de partir. Je voulais voir autre chose. Et puis j'en avais ras-le-bol qu'on se moque de moi ! J'ai toujours adoré faire la cuisine avec ma maman. Elle pensait que j'avais vraiment un don pour ça. J'adorais inventer des recettes originales. Alors quand je suis partie, je me suis dit que peut-être je pourrais faire la cuisine à Papeete. Bon, je ne vous raconte pas le choc quand je suis arrivée ici toute seule, sans famille, sans rien ! Personne pour te tendre la main ! C'était carrément pas ça. C'était plutôt insultes et compagnie... Heureusement que ma mère m'avait donné un peu de sous en cachette.

Anamua : Ça n'a pas dû être facile...

Ra'i : Non, mais je me suis relevé les manches et me suis mise au boulot. J'ai commencé par faire le ménage chez les gens. Au début, ils étaient méfiants, mais quand ils ont vu comment je travaillais, alors là, ils n'ont plus voulu me lâcher !

Ma'i : Eh oui ! On sait que vous avez la délicatesse d'une femme et la force des hommes.

Ra'i : T'as tout compris !

Anamua : Du coup, c'est ce que tu fais comme travail ? Tu fais le ménage ?

Ra'i : Ben j'ai fait ça pendant trois ans. J'ai travaillé d'arrache-pied mais j'étais heureuse et je gagnais bien ma vie. J'habitais une petite maison en bois que je partageais avec une copine. Je faisais le ménage dans quatre maisons. Je travaillais de l'aube jusqu'au soir. Je briquais tout du sol au plafond. Personne n'a jamais eu un mot à redire sur mon travail. Mais un jour une bague a disparu de chez l'une de mes patronnes et là, ben c'est moi qu'on a accusée. Je ne l'aimais pas tellement, cette femme-là. Elle était *fa'a'oru*[11] ! Elle me regardait de haut. Et bref, elle

---

11. Fière.

m'a accusée d'avoir volé sa bague alors que je suis sûre de ne jamais l'avoir vue, sa bague ! Surtout, elle a bien fait circuler la nouvelle auprès de tout le monde… Du coup, plus personne ne voulait me garder comme femme de ménage…

Anamua : Et après ?

Ra'i : Après, ça a été vraiment difficile pour moi. Plus d'argent pour payer le loyer, plus de maison. Je suis descendue vraiment bas… Vraiment… Je vous passe les détails… Pas joli… J'étais maigre, paumée. Je ne me regardais plus dans le miroir. Et puis, un jour, j'ai décidé de croire aux miracles. Il y avait un petit snack à côté de chez nous, tenu par un couple. Ils avaient l'air gentils. J'ai mis ma tenue la plus élégante et je suis allée les voir pour leur proposer de travailler pour eux. Et chance à moi, ils m'ont acceptée à l'essai. J'ai travaillé comme personne ! Tous les clients appréciaient ma bonne humeur et mon énergie. Les patrons m'appelaient leur rayon de soleil. J'étais bien chez eux. Je pouvais me regarder dans la glace à nouveau. Un jour, je leur ai préparé un *ume* à ma façon. Ils ont carrément halluciné ! Du coup, ils l'ont proposé à la carte. Les clients étaient fans ! Et j'ai commencé à préparer d'autres plats. Mes patrons n'en revenaient pas. Tout était délicieux. Ils m'ont dit que j'étais un miracle ! C'est comme ça que j'ai pris mon envol. Aujourd'hui, c'est moi la « boss » du snack. Là, ils sont partis en vacances dans les îles, et c'est moi qui m'occupe de tout !

Ma'i : Quel parcours ! Bravo !

Anamua : C'est magnifique ! Quel bel exemple de courage et de ténacité !

Ra'i : Oui, finalement, cette dame qui m'a accusée, c'est presque un cadeau de la vie ! J'aime encore mieux ce que je suis devenue aujourd'hui ! Je me sens libre, épanouie, reconnue.

Anamua : On le voit…

Ra'i : Et là, ben je vais faire les courses pour le service du soir, alors je vais devoir vous laisser. Venez manger ce soir, si vous voulez ! C'est à deux pas d'ici. Un petit dîner en amoureux, ça vous dit pas ? Hihihi ! Soyez pas gênés ! Vous êtes mignons tous les deux ! Allez, *nana* !

(Elle sort. Ma'i et Anamua sont, en effet, un peu gênés)

Scène 10

Ma'i, Anamua

Ma'i : C'est drôle, elle a cru que…

Anamua : Oui…

Ma'i : Quel personnage, n'est-ce pas ?

Anamua : Oui.

Ma'i : Je ne sais plus où nous en étions…

Anamua : Vous savez, vous m'avez agréablement surprise, je dois dire.

Ma'i : Moi ? Je vous ai agréablement surprise ?

Anamua : Oui.

Ma'i : Jusqu'à présent, je n'ai pas eu le sentiment d'être… totalement en accord avec vos idées.

Anamua : C'est vrai. Mais je vous ai trouvé plutôt chouette avec Ra'i.

Ma'i : «Chouette» ?

Anamua : Ouvert d'esprit, généreux.

Ma'i : Aucun mérite. C'est elle qui était «chouette» comme vous dites. Vous me dites «vous», maintenant ? Je m'étais bien habitué à ce tutoiement.

Anamua : J'aurais pensé qu'un homme comme toi, chantant les louanges de la société européenne du XVIIIe siècle, aurait endossé aussi ses principes moraux étriqués ! Que tu aurais regardé Ra'i et toute autre personne un peu «hors du cadre» avec mépris... Mais je vois que tu es un cœur généreux, attentif aux autres.

Ma'i : Je vous rem... Je te remercie...

Anamua : Pardon de t'avoir un peu bousculé tout à l'heure. Je comprends ce que tu dis et je suis sûre que les hommes comme Banks étaient des esprits éclairés.

Ma'i : Il l'était sans aucun doute. Et je suis sûr que si tu l'avais connu, tu aurais pensé comme moi.

Anamua : C'est juste que j'ai un peu de mal avec le complexe de supériorité de ces civilisations qui se permettent d'assujettir les autres. Venir sur une Terre et dire : «Ici, c'est chez moi»...

Ma'i : Mais non, ces navigateurs étaient des visiteurs. Nous avons appris d'eux, échangé, mais cette terre est et restera la nôtre.

Anamua : Toujours la nôtre ? Tu es vraiment du XVIIIe siècle, alors ? Tu ne connais pas la suite de l'histoire ?

Ma'i : Quelle suite ?

Anamua : Le nucléaire, ça te dit quelque chose ?

Ma'i : Le nucléaire ? Non, je ne... non.

Anamua : Hiroshima, Nagasaki ?

Ma'i : Pardon ?

Anamua : Moruroa ? Fangataufa ?

Ma'i : Ah Moruroa, oui ! C'est un atoll des îles Tuamotu...

Anamua : Ah tu connais ? Parfait... Eh bien maintenant écoute bien...

NOIR

(Danse mettant en scène la secousse des essais nucléaires)

Ma'i : (atterré)

Anamua : Tu comprends, maintenant pourquoi le concept de «mission civilisatrice» me semble un peu... frelaté ?

Ma'i : (toujours silencieux)

Anamua : Tu ne dis plus rien ?

Ma'i : Je n'ai pas de mots… Je suis abasourdi.

Anamua : Oui.

Ma'i : Comment a-t-on pu en arriver là ? Les hommes sont donc officiellement devenus fous ! Notre terre-mère !

Anamua : Oui. En même temps, ils l'ont toujours été, non ?

Ma'i : C'est vrai… Déjà à mon époque, ils étaient centrés sur leurs petites victoires, oubliant qu'il y a un monde autour d'eux.

Scène 11

La marquise, le vicomte, Ma'i, le peintre

(Retour à la cour d'Angleterre. Dans l'atelier du peintre. Au moment où le rideau s'ouvre, Ma'i pose fièrement. Il est torse nu. Il émane de sa personne une beauté et une noblesse naturelles. Pendant toute la conversation entre le peintre et la marquise, il regarde attentivement le vicomte déguisé en femme, et surtout lady Hamilton, déguisée en homme, qu'il dévore du regard)

La marquise : Merci, cher maître, de nous recevoir dans votre atelier et de nous permettre de rencontrer le célèbre Omai qui fait tant parler de lui.

Le vicomte (prenant une voix de femme et gardant son éventail devant la bouche) : Nous sommes enchantés de faire votre connaissance, cher Omai.

Ma'i : *O Ma'i au*[12].

La marquise : Oui, très bien, OMAI… Nous savons qui vous êtes, cher ami.

Ma'i (répétant en insistant) : *O Ma'i au.*

---

12. « Je m'appelle Ma'i ». Le personnage tente en vain de rectifier l'erreur sur son nom.

La marquise (articulant exagérément) : OMAI, oui. Nous avons bien compris. O-M-A-I. (Puis regardant le vicomte comme pour le prendre à témoin de l'incapacité à comprendre d'Omai qui semble dépité) Et voici lady... Desdemone (le vicomte fait une légère révérence) et... sir Othello (tous se saluent).

Le vicomte (jouant son personnage de femme) : Je suis très honorée...

Ma'i : *'Ia ora na* ![13]

Le vicomte : Vous avez là un modèle admirable !

Le peintre : Je dois dire que pour un artiste, avoir le corps de notre invité comme modèle est une bénédiction ! Il est d'une stature remarquable !

Le vicomte : Je vous l'accorde.

La marquise : Vous avez bien fait de lui rendre sa pudeur et de l'habiller de votre art... Je trouve cette nudité quelque peu... incommodante...

Le peintre : Il m'a coûté de représenter en costume traditionnel un modèle aussi inspirant. Admirez cette musculature parfaitement dessinée...

La marquise : Certes...

Le peintre (recouvrant le torse de Ma'i d'une étole) : Pardon, chère Marquise, je parle en artiste et ne ménage pas votre pudeur.

La marquise : Merci, cher maître.

13. Salutation en langue tahitienne.

Le peintre : Et il a été d'une patience remarquable… Les personnes de qualité que je peins habituellement sont sans arrêt à vouloir interrompre la pause sous prétexte qu'une mouche les dérange, qu'ils ont soif ou faim, qu'un torticolis les empêche de tenir plus longtemps ! Notre ami ici présent a été aussi immobile qu'un serpent en attente d'attraper sa proie. Il n'a pas bougé le moindre petit doigt pendant le temps de pause. Un vrai prodige ! N'est-ce pas Omai ? (le peintre prend la pause et reste immobile. Omai à son tour prend pendant quelques secondes une pause empreinte de noblesse et de grandeur. Puis il rit)

La marquise (au peintre) : Merci infiniment de nous laisser assister à la magie de la création.

Le peintre : C'est moi qui vous suis infiniment obligé, chère Marquise.

Le vicomte (regardant tour à tour le tableau et le modèle) : Quel talent, en effet ! Mais, dites-moi, cher maître, le tableau final est, de toute évidence, fort différent du modèle original. Ce turban sur la tête ressemble à s'y méprendre à celui que portent les Turcs. Je ne savais pas que les sauvages d'Otahiti portaient les mêmes coiffes !

Le peintre : Eh bien, à vrai dire, ils ne les portent pas.

Le vicomte : Et le costume que vous lui faites porter, n'est-il pas plutôt celui des Maures ? Cette longue toge blanche, ces épaisseurs de tissus… J'imaginais les Otahitiens plus dénudés !

Le peintre : Vous avez raison… lady Desdémone… Je me suis inspiré des toges de nos amis turcs ! L'important est de souligner le caractère exotique de notre sujet pictural, n'est-ce pas ?

La marquise : En effet ! Notre peintre a su, par son art, magnifier notre modèle ! L'arracher à sa médiocrité originelle ! Quel esprit dans le dessin et dans le personnage...

Le peintre : Que de compliments ! Je vous remercie infiniment, chère Marquise.

(Pendant le dialogue qui suit, Ma'i se dirige lentement et discrètement vers lady Hamilton dont il vient caresser les vêtements puis les cheveux... pendant que les autres se resserrent autour du portrait qu'ils regardent et le commentent en oubliant le modèle. Effet comique)

La marquise : Cette grâce, cette pose pleine de noblesse...

Le peintre : Oh, je ne suis pas allé chercher bien loin cette pose que j'ai empruntée aux modèles de nos plus grands sculpteurs.

La marquise : Comme vous avez eu raison !

Le peintre : Il m'a semblé qu'il fallait donner à notre jeune ami un soupçon de cette prestance antique !

La marquise : Il me rappelle en effet l'Apollon du Belvédère...

Le peintre : Si je puis me permettre, chère marquise, l'Apollon du Belvédère ne prend pas la pose *adlocutio* comme l'aurait pu faire un général pour haranguer ses troupes. Il tient le bras en avant de la sorte (il mime) car il tient à l'origine, l'un de ses attributs emblématiques...

Le vicomte (voix de femme) : Un carquois ?

Le peintre : Parfaitement ! Un carquois ! Que le temps a malheureusement perdu mais que l'on peut parfaitement imaginer...

La marquise : Fascinant !

Le peintre : Tandis que j'ai attribué à notre ami la pause *adlocutio* de nos plus grands généraux.

La marquise : Et vous avez fort bien fait. L'esprit du personnage s'en trouve indéniablement changé.

Le peintre : La difficulté a été de restituer aussi fidèlement que possible les tatouages qu'il a sur le corps. Vous n'imaginez pas le travail d'orfèvre que tous ces petits dessins m'ont demandé...

(Les trois personnages sont concentrés autour du tableau tandis que Ma'i tient maintenant lady Hamilton dans ses bras. Elle résiste un peu au début puis s'abandonne à lui)

Lady Hamilton : Hum !... Ohé !

La marquise : Voyez comme ces palmiers au second plan campent notre personnage dans son environnement naturel...

Le peintre : Ce sont les palmiers qu'on trouve en Orient...

(Lady Hamilton finit par céder à Ma'i qui l'emporte avec lui hors de l'atelier sans que personne ne s'en aperçoive)

La marquise : Cet esprit dans le regard, c'est extraordinaire ! Rien de tel dans notre modèle originel auquel je veux bien accorder d'être harmonieusement bâti, mais dont le visage, si sombre, ne saurait être le reflet d'un esprit lumineux.

Le peintre : Vous êtes intraitable, Marquise !

La marquise : Seule la fréquentation d'une grande civilisation peut faire naître cet éclat du regard que vous avez su restituer avec autant de talent. Un naturel serait bien incapable de faire preuve d'autant de finesse ! (plus bas, au vicomte et au peintre) D'ailleurs, vous aurez remarqué que notre petit stratagème a complètement échappé à la perspicacité de votre protégé qui… Mais où est-il d'ailleurs, notre indigène ?

Le vicomte (bas, reprenant sa voix d'homme) : Ah ça ! Mais vous avez raison ! Il s'est donc volatilisé ?

La marquise : Et lady Hamilton ? Volatilisée aussi ?

Le vicomte : Mais… c'est ma foi vrai ! Ils ont disparu tous les deux ! Omai, mon ami, où êtes-vous ? Othello, mon doux Othello, joueriez-vous à cache-cache ?

Le peintre : C'est embêtant, je n'ai pas complètement fini son portrait ! Ils se sont donc volatilisés ?

La marquise : Allons ! Omai ! Lady… Othello ! Répondez-nous !

(La scène s'achève sur les trois personnages cherchant Ma'i et lady Hamilton. Ils se regardent, perplexes)

Scène 12

Anamua, Ma'i

(Retour à Tahiti)

Ma'i : Je comprends maintenant pourquoi j'ai été chargé d'une mission. Cependant...

Anamua : Oui ?

Ma'i : J'ai du mal à saisir comment mon message pourrait aider les hommes.

Anamua : Ah bon ? C'est un message codé ?

Ma'i : Non. Les mots sont parfaitement compréhensibles mais on ne sait pas trop quelle interprétation il faut leur donner.

Anamua : Tu veux que je t'aide ? La complexité ne me fait pas peur, tu sais, j'ai lu Lacan...

Ma'i : D'accord. Mais si je te dévoile ce message, tu promets que tu m'aideras ?

Anamua : Est-ce que je ne suis pas là à discuter avec toi depuis une heure, alors que j'aurais pu — et sans doute dû — prendre la poudre d'escampette ? D'ailleurs, je me demande ce qui me retient encore ici.

Ma'i : Non, s'il te plaît, reste ! Pardon ! Je suis désolé d'avoir manqué de tact. Tu es la personne la plus sensée que j'aie rencontrée ici. La seule d'ailleurs qui m'ait accordé de son temps sans compter.

Anamua : Je ne te le fais pas dire.

Ma'i : La seule avec laquelle j'ai pu converser en bonne intelligence... Malgré les divergences de points de vue.

Anamua : Ce n'est pas faux.

Ma'i : Et puis vous connaissez tellement de choses... L'histoire...

Anamua : J'avoue.

Ma'i : Anamua, j'ai une chance folle de vous avoir rencontrée.

Anamua : Je croyais qu'on se disait «tu» ?

Ma'i : J'ai une chance folle de t'avoir rencontrée, Anamua. Tu es femme exceptionnelle.

Anamua : N'en fais pas trop non plus !

Ma'i : Mais je le pense très sincèrement !

Anamua : Ça va, ça va... Je vais t'aider... si je peux ! Mais pour ça, il va quand même falloir que tu me le dises un jour ou l'autre, ton message.

(Ma'i se retourne pour voir si personne ne l'observe et murmure le message à l'oreille d'Anamua)

Anamua : Pardon ?

(Ma'i répète le message à l'oreille d'Anamua)

Anamua : Comment ça ? C'est tout ?

Ma'i : Oui, c'est tout. C'est le message que je dois délivrer…

Anamua : «Il faut cultiver son jardin» ?

Ma'i : C'est ça !

Anamua : Vous avez fait tout ce chemin pour nous dire : «Il faut cultiver son jardin» ?

Ma'i : Apparemment…

Anamua : Tout ce périple pour citer Voltaire ?

Ma'i : Qui est Voltaire ?

Anamua : François-Marie Arouet, dit Voltaire ! C'est un philosophe français du XVIIIe siècle. Un grand philosophe. Il a écrit *Candide*, un conte philosophique qui se clôt sur la citation suivante : «Il faut cultiver son jardin.»

Ma'i : Le même message ? C'est une mauvaise blague ! Je suis parachuté sur Terre, à Tahiti, au XXIe siècle pour délivrer aux hommes un message qui a déjà été transmis au XVIIIe !

Anamua : C'est vrai que… vu comme ça… Et puis, ça m'énerve, je ne comprends pas bien pourquoi c'est l'injonction d'un philosophe français du XVIIIe siècle qui devrait nous être utile, à nous autres, Océaniens ! On a nos sages, ici aussi ! On nous aurait rappelé certains messages de Henri Hiro, je dis pas, mais là, Voltaire…

Ma'i : Et puis, vous ne le trouvez pas un peu primaire, ce message ? «Il faut cultiver son jardin»... Et pourquoi pas «il faut cultiver ses patates» !

Anamua : Oui... Et en même temps, il ne dit pas «ses patates», il dit «son jardin». Le jardin, d'un point de vue symbolique, c'est beaucoup plus vaste...

Ma'i : C'est-à-dire ?

Anamua : Le conte raconte les aventures de Candide, un jeune homme qui cherche le sens de la vie. C'est très drôle comme conte ! À la fin du récit, après avoir affronté d'innombrables péripéties, le héros reçoit le conseil d'un vieillard qui lui dit : «Il faut cultiver son jardin.»

Ma'i : Et ?

Anamua : Et c'est tout... À chacun d'y lire ce qu'il comprend.

Ma'i : Et qu'est-ce que tu y lis, toi ?

Anamua : Si on remet la phrase dans le contexte du livre, il semble que l'un des personnages déclare qu'il faut vivre sans raisonner.

Ma'i : Vivre sans raisonner ? Vous voulez dire que votre philosophe là, votre Voltaire, invite les hommes à ne pas penser ? C'est quand même un comble, pour un penseur, non ?

Anamua : Non, évidemment... Je pense plutôt que dans le conte philosophique, il invitait les hommes à mettre de côté les grands questionnements métaphysiques. Le jardin, c'est le bonheur simple du quotidien.

Ma'i : Ah...

Anamua : Il y a chez Voltaire une critique de la casuistique religieuse et de ses raisonnements à l'infini. C'est une invitation à créer un bonheur terrestre sans attendre celui promis par les religions.

Ma'i : Je vois...Donc Dieu m'aurait envoyé sur Terre pour dire aux hommes de ne pas attendre le paradis des religions ! C'est un comble !

Anamua : Bah, après tout, tu sais bien que les religions sont des histoires écrites par les hommes... Mais tu as raison, il y a autre chose à trouver...

Ma'i (il réfléchit) : Et si «cultiver son jardin» voulait simplement dire «cultiver son jardin» ?

Anamua : C'est-à-dire ?

Ma'i : Oui, cultiver les produits de la terre ! Les fruits, les légumes, les fleurs...

Anamua : Le retour à la terre ?

Ma'i : Oui !

Anamua : Pourquoi pas ! C'est une vérité éternelle. La même vérité qu'on trouve dans nos poèmes, dans nos chansons, dans nos *paripari fenua* qui chantent la terre ! Tu as raison, Ma'i !

Ma'i : Héhé !

Anamua : Oui ! Si chacun avait son propre *fa'a'apu*[14], on serait libre et autonome. On saurait comment sortir des modèles économiques qui nous asservissent. Et on serait en osmose avec la terre.

Ma'i : C'est vrai que cette idée me plaît aussi.

Anamua : Si chacun cultivait son jardin, on serait tous sûrs de manger à notre faim ! On retrouverait le goût des vrais aliments et on arrêterait de manger les poulets de chez Tricatel !

Ma'i : Les poulets de chez Tricatel ?

Anamua : Pardon, tu ne peux pas connaître ! C'est dans *L'Aile ou la Cuisse* ! Un vieux film ! Tricatel est un horrible personnage qui fabrique de la laitue en plastique et des poulets en caoutchouc sans goût.

Ma'i : Et vous voulez dire que c'est ce que vous mangez ?

Anamua : Franchement, on n'en n'est pas loin… Il vaut mieux ne pas trop savoir ce qu'ils mettent dans les *nuggets* de poulet…

Ma'i : Pouah !

Anamua : Et puis, maintenant que j'y pense… Cultiver son jardin, c'est aussi se recentrer sur soi, cultiver son jardin intérieur…

Ma'i : Ce serait encore un autre sens.

---

14. Potager.

Anamua : La même idée mais d'un point de vue métaphorique. Fais la paix en toi et tu la retrouveras à l'extérieur. C'est magique.

Ma'i : Tu le crois vraiment ? Supposons que tu aies des ennemis qui te poursuivent ou que tu meures de faim, je ne suis pas sûr que trouver la paix à l'intérieur de soi suffise. Les abîmes et les pièges du monde te rattrapent quand même forcément à un moment donné, non ?

Anamua : Figure-toi que je fais de la méditation depuis quelques années, et que depuis que mon âme est en paix, mes ennemis ont disparu comme par enchantement ! Dans le silence de mon temple intérieur, je trouve une telle paix que le tumulte du monde se tait lui aussi.

Ma'i : Oui, alors là, je demande à voir…

Anamua : Après tout, ce n'est pas si extraordinaire. D'ailleurs, c'est un peu ce que nous dit la physique quantique…

Ma'i : Je ne connais pas !

Anamua : La physique quantique nous enseigne que l'observateur joue un rôle déterminant dans la réalité qu'il perçoit. En gros, je vois ce que je m'attends à observer. Si je m'attends à voir une onde, je vois une onde ; si je m'attends à voir une particule, c'est une particule que je vais découvrir…

Ma'i : Je ne sais pas ce que sont les ondes et les particules mais ce que tu me racontes, ce n'est pas de la physique, c'est de la magie…

Anamua : Non, c'est bien réel. Si le monde que je me figure est un monde rude et rempli d'ennemis, la réalité sera alors en adéquation avec cette vision. Si en revanche je me réjouis des miracles de la vie, telle sera la vie que j'observerai.

Ma'i : Cela voudrait dire que le réel n'existe pas, que le monde n'est qu'une projection de notre esprit ?

Anamua : Ce n'est pas tout à fait cela. Je pense que nous avons la capacité de modeler ce réel en fonction de notre vision intérieure.

Ma'i : Mouais… Moi je veux bien, mais imaginons alors un gentil philosophe qui marche tranquillement. Il est heureux, il fait beau, et il se réjouit de ce que le monde est miraculeux.

Anamua : Soit…

Ma'i : Bien. Imaginons maintenant qu'un tigre affamé passe par là…

Anamua : Oui ? Eh ben ?

Ma'i : Tu penses vraiment que ta physique quantique l'empêcherait de se faire dévorer tout cru par le tigre affamé ?

Anamua : Ce n'est pas ce que je dis, non.

Ma'i : Dans ce cas, il me semble que le miracle de la vie a ses limites… Un tigre au ventre vide et tout bascule… Pour moi, le monde des hommes est divisé en deux catégories bien distinctes : celle des bons et celle des mauvais. C'est aussi simple que cela. Et crois-moi, quand on tombe sur la mauvaise, il vaut mieux être préparé…

Anamua : Mouais…

Ma'i : Tu sais, plus j'y pense, et plus je sais à qui je dois le délivrer, ce message.

Anamua : Ah oui ? Tu as trouvé ton sage ?

Ma'i : Oui. C'est très clair.

Anamua : Il va t'aider alors ?

Ma'i : Oui.

Anamua : On peut savoir ?…

Ma'i : Il est sage mais ne répugne pas à la contradiction.

Anamua : C'est bon signe ça.

Ma'i : Il pense que la vie est magique…

Anamua : J'aime bien…

Ma'i : Il a une vision sans concession et pourtant pure…

Anamua : C'est contradictoire, non ?

Ma'i : Non, pas chez lui.

Anamua : Quoi d'autre ?

Ma'i : Il a cette lumière intérieure…

Anamua : Pas spécialement utile pour ta cause mais toujours bon à prendre…

Ma'i : Ce petit «je ne sais quoi» qui te donnerait envie de rester coincé dans un vortex temporel auquel tu n'appartiens pas…

Anamua : (perplexe)

Ma'i : C'est toi, Anamua !

Anamua : (incrédule)

Ma'i : Oui, toi ! Je ne peux imaginer personne plus sage et plus avisée.

Anamua : Mais…

Ma'i : Et je sais maintenant comment tu pourras délivrer mon message.

Anamua : À quoi est-ce que tu penses ?

Ma'i : Tu es en train d'écrire un roman, n'est-ce pas ?

Anamua : Oui, et alors ?

Ma'i : Qui sera lu par un grand nombre de personnes ?

Anamua : Par un grand nombre de personnes, c'est beaucoup dire. Les gens lisent peu. Mais… oui, on peut espérer qu'il sera lu.

Ma'i : Tu pourrais donc y intégrer le message que je dois délivrer ! Après tout, tous les romans sont écrits pour faire entendre des messages, non ?

Anamua : Je ne sais pas… Un roman n'est pas un conte philosophique.

Ma'i : Je suis sûr que tu as suffisamment de talent pour le faire et l'enrober dans le tissu du texte.

Anamua : J'imagine que je peux faire ça…

Ma'i : Je le savais ! Merci infiniment, Anamua. Tu me sauves la vie !

Anamua : Tu veux dire que je te la fais perdre, plutôt, non ? Quelle ironie !

Ma'i : Oui, c'est vrai…

Anamua : Tu vas finalement pouvoir retourner là-haut !

Ma'i : Oui. Dans la paix éternelle…

Anamua : Oui…

Ma'i : Tu me l'auras bien gâchée, quand même…

Anamua : Quoi ?

Ma'i : Ma paix éternelle…

(Un temps de silence)

Anamua : Alors il ne me reste plus qu'à te dire adieu…

Ma'i : Oui… Merci pour tout… Vous avez été absolument merveilleuse…

Anamua : Décidément, ce vouvoiement…

Ma'i : Tu as été absolument merveilleuse, Anamua. Et je mesure la chance incroyable que j'ai eue pour que, dans le déroulement infini des âges et du temps, ce soit toi que le destin ait mis sur ma route. Toi, le pilier d'entrée du dôme céleste…

Anamua : Merci à toi.

Ma'i : Tu crois au destin ?

Anamua : Je crois aux synchronicités…

Ma'i : Tu crois que les «synchronicités» nous remettront un jour en présence l'un de l'autre ?

Anamua : Je ne sais pas… Je l'espère.

Ma'i : Je l'espère aussi… J'aurais aimé avoir plus de temps pour apprendre à te connaître… Lire le roman que tu es en train d'écrire… Lire les autres…

Anamua : Oh, tu sais… rien de révolutionnaire… Et puis, tu m'aurais certainement contredite…

Ma'i (souriant) : C'est bien possible... Mais c'est ce que j'ai tellement apprécié... Nos désaccords... Nos discussions... Tes lumières sur le monde...

Anamua : Merci... C'est vrai que c'était chouette...

(On entend la musique de *Space Oddity* au loin)

Ma'i : C'est déjà l'heure de se quitter... Adieu Anamua...

Anamua : Adieu Ma'i...

Ma'i : Anamua...

Anamua : Oui Ma'i ?

(La musique s'arrête brusquement. Scratch de disque)

Ma'i : Et si je décidais de rester ?

Anamua : Comment ça ?

Ma'i : Rester ici, avec toi...

Anamua : Mais... tu le peux ?

Ma'i : Oui, si je le veux et si tu le veux ! J'ai juste à ne pas être là au rendez-vous !

Anamua : Tu serais prêt à renoncer à ton bonheur céleste ?

Ma'i : Je n'y renonce pas, je le retarde juste d'une vie !

Anamua : Mais ce monde est tellement chaotique…

Ma'i : Je veux tout connaître de ce monde, si tu veux bien être mon guide ! J'ai tellement de choses à découvrir ! La physique quantique ! Maître Yoda ! Les poulets de Tricatel ! Je veux voir tout ça !

Anamua : Tu risques d'être déçu…

Ma'i : Pas tant que tu seras à mes côtés… Je sens que je peux aller partout si tu es là ! Tu veux bien ?

Anamua : Eh ben… oui ! (il la prend dans ses bras) Oui, ce serait merveilleux.

Ma'i : Et qui sait ? Peut-être que je peux les aider, ces hommes perdus, à retrouver leurs racines en leur racontant leur histoire, en leur rappelant qui étaient leurs ancêtres, quelles étaient leurs croyances.

Anamua : Ce serait magnifique !

Ma'i : Alors le ciel peut attendre encore un peu !… Je veux vivre cette vie avec toi ! Que la fête recommence !

(Anamua lui sourit, Omai lui prend la main et ils sortent tous les deux en courant)

FIN

(Au moment du retour des comédiens pour saluer)

Matahi : «Cultiver son jardin» ? Yo, *man* ! Le top du top, *man* ! Je sais très bien ce que je vais y mettre, mon gars ! Et crois-moi, dans ma petite plantation, ça va bieeeeeeen pousser ! Je vais le cultiver, mon petit jardin !

Ra'i : Un petit *fa'a'apu* ! Je vois très bien ! Mes produits tout frais que je cuisinerai et que je servirai aux clients du snack !

Le commerçant chinois : «Cultiver son jardin» ? Je vois très bien ! Des plantations en terre et hors sol pour avoir le meilleur rendement possible ! Fruits, légumes, tout ! Et après, j'exporte !

Maître Yoda : Ton jardin tu cultiveras… Tes patates tu mangeras… Et en sagesse tu croîtras…

Remerciements

Merci du fond du cœur à mes lecteurs alpha, mon indéfectible «premier rang», Maeva et Loïc, merci aux experts, Jacques et Mirose pour les passages en *reo tahiti*, merci au chaman, Léopold, pour le mandarin, merci à Magic Sylvain pour sa relecture généreuse…

ÉDITIONS AU VENT DES ÎLES

BP 5670 – 98716 Pirae – Tahiti – Polynésie française
mail@auventdesiles.pf — www.auventdesiles.pf

Imprimé en Chine par PrintPlus Limited
Photocomposition : Scoop - Tahiti
1re édition 2023
Dépôt légal 4e trimestre 2023
ISBN 978-2-36734-492-8
© Au vent des îles 2023